하나님은
당신을 향한
놀라운 계획을
가지고 계십니다

_____님께 드립니다

행복한 선물을
받으실
당신에게

착하고 성실하게 살아도
일이 뜻대로 되지 않고 자꾸만 어려움이 와요.

삶이 무의미하고 너무 허무해요.

환상, 환청, 정신병, 노이로제, 신경성 질환,
병명도 없는 병 때문에 삶이 고통스러워요.
사주팔자, 운명에 매여 미래가 항상 불안해요.

육신의 쾌락을 즐겨 봐도
마음이 평안하지 않고 스스로를 이기지 못해 무척 괴로워요.

가정에 늘 문제가 많아 가출하고 싶고
불안하고 초조해서 자살하고 싶은 충동이 들 때가 많아요.

원하지 않지만 어쩔 수 없이 무속 일을 하고 있어요.

술, 담배, 도박, 마약, 습관성 약품을
끊지 못해서 고통스러운 삶을 살고 있어요.

돈도 많고 인기와 명예도 있지만 참된 행복이 없어 외롭고 공허해요.

가문 대대로 내려오는
재앙이 미칠까봐 늘 두려움 속에서 가슴 졸이며 살고 있어요.

A Joyful Gift

'나는 누구이며 어디에서 왔다가 어디로 가는가?'

....

누구나 한번쯤은 이런 고민을 해보았을 것입니다.
인생의 참된 행복과 평안을 얻기 위해 사람들은 저마다
해답을 찾아 헤매고 있습니다. 그런데도 불구하고 우리
의 삶은 늘 어려움과 고통의 연속이며 인간의 힘으로는
해결할 수 없는 예측 불가능한 사건사고로 점점 어려워
지고 있습니다. 혹, 당신도 위에 제시된 것과 같은 여러
가지 문제로 괴로워하거나 고민하고 있지는 않습니까?

....

지금부터 당신이 읽게 될 이 책의 이야기 속에는 당신의
인생에 관한 완전한 해결책이 제시되어 있습니다. 수많
은 사람들이 이 놀라운 소식을 듣고 난 후, 행복하고 축
복된 인생을 살게 된 것을 보았습니다. 이 축복이 당신의
삶 속에 임하기를 간절히 기도하며 이 책을 드립니다.

행복한 선물 A Joyful Gift

1 하나님은 존재하는가?

"저는 도대체 하나님이 믿어지지 않습니다.
하나님이 과연 존재합니까?"

한 청년이 목사님을 찾아와서 이렇게 질문했습니다.

"목사님, 저는 도대체 하나님이 믿어지지 않습니다. 하나님이 과연 존재합니까?"

때마침 목사님과 대화를 하고 있던 장로님이 넌지시 질문을 했습니다.

"자네, 저 앞에 무엇이 보이는가?"

청년은 나무와 돌이 보인다고 대답했습니다.

그러자 장로님은 버럭 소리를 지르며, "아니, 그곳에 나무와 돌이 어디 있는가?" 하고 말했습니다.

"장로님, 나무와 돌이 보여서 나무와 돌이 있다고 대답했는데 그것이 잘못된 것입니까?"

그러자 장로님이 웃음을 지으며 말했습니다.

"여보게, 미안하네. 나는 시각 장애인이라 나무와 돌이 있는지, 없는지 모른다네. 자네도 마찬가지일세. 영적으로 눈이 어두워 하나님이 살아계시지만 모르고 있는 것 뿐일세."

인간은 하나님을 볼 수도 없고 만날 수도 없습니다. 그래서 어떤 사람들은 과연 하나님이 계신가, 계시지 않는가 하는 질문을 하기도 합니다. 보이는 것도 물론 중요하지만 보이지 않는 것 가운데 중요한 것이 더욱 많습니다.

하나님은 영(靈)이십니다. 그러므로 육신의 눈에는 보이지 않습니다. 성령님, 천사, 천국, 사탄도 마찬가지로 영적인 존재이기에 눈에 보이지 않습니다. 눈에 보이는 것은 잠깐이요, 눈에 보이지 않는 것은 영원합니다. 어떤 이들은 보이지 않는 것을 위해 보이는 것 전부를 투자하기도 하고, 보이는 것을 소유하기 위해 보이지 않는 중요한 것을 전부 다 내어버리기도 합니다.

하나님은 중요한 것은 눈에 보이지 않게 영원한 세계에서만 볼 수 있도록 만드셨습니다. 하나님이 눈에 보인다면 그것은 우상입니다. 인간은 육신을 가졌기에 하나님을 볼 수 없습니다.

눈에 보이지도 않고 느껴지지도 않지만 분명히 살아계셔서 우주와 만물을 통치하고 계시는 하나님은 과연 누구실까요?

하나님은 누구신가?

하나님은 영이시기에 눈에 보이지 않습니다. 따라서 어디에나 계십니다. 이는 또한 하나님은 모든 것을 알고 계시며 못하실 것이 없는 분이라는 말도 됩니다. 하나님이 영이라는 말은 사람의 손으로 만든 형상 속에 들어가 계신 분이 아니라는 말입니다. 하나님은 말씀으로 천지를 창조하신 분이십니다. 무(無)에서 유(有)를 창조하신 분이 하나님이십니다. 하나님은 사람의 제한을 받지 않으시며 시간과 공간의 제한도 받지 않으십니다. 하나님은 만물을 통치하는 분이십니다. 과학, 경험, 이성적 논리에는 한계가 있으나 하나님의 지식과 능력은 무한하십니다. 그분은 모든 사람의 마음을 다 아는 분이시요, 우리가 피할 수 없는 분이십니다. 하나님은 자연을 어기거나 일반 법칙을 어기는 분이 아니십니다. 다만 이를 초월하셨습니다. 하나님은 과학적이지 않은 분은 아니지만 과학을 초월하셨습니다. 하나님은 우리의 이성을 벗어나지 않으시나 이를 초월할 수 있습니다. 하나님은 약속의 말씀을 성취하기 위해 때로는 기적을 행하기도 하십니다.

하나님은 인간을 사랑하십니다. 하나님 자체가 사랑이시라고 성경은 말씀하고 있습니다(요한일서 4장 16절). 하나님이 우리를 지으신 목적은 우리를 사랑하기 위해서입니다. 우리는 이 놀라운 사랑을 받기 위해 창조된 하나님의 기쁨이요, 존귀한 자들인 것입니다. 그러니 우리는 하나님의 사랑을 알고 하나님을 깊이 사랑해야 합니다. 이것이 이 세상에서 우리가 해야 될 가장 값진 일입니다. 우리가 하나님을 사랑하기 이전에 이미 주님이 우리를 깊이 사랑하고 계셨다는 사실을 우리는 깨달아야 합니다.

하나님의 창조 원리

하나님은 만물을 창조하시는 가운데 유일하게 인간만 하나님의 형상대로 창조하셨습니다(창세기 1장 27절).

인간은 하나님과 함께, 하나님이 주시는 복을 누리며 살도록 지어진 '영적인 존재'입니다. 오직 인간만 하나님을 알고 하나님을 사랑할 수 있습니다. 하나님께 예배를 드리

하나님의 형상대로 지어진 원래 인간은
'하나님과 함께' 있어야 최고의 행복을 누릴 수 있습니다

고 찬양하며 경배할 수 있는 특권도 오직 인간에게만 주셨습니다.

하나님은 오직 인간에게만 하나님을 알 수 있는 영혼을 주셨습니다. 부인할 수 없는 사실은 눈에 보이지 않지만 모든 사람에게 영혼이 있다는 것입니다. 제아무리 영리한 짐

승이라도 하나님을 알 수 있는 영혼이 없기에 예배를 드리지 못합니다.

하나님은 중요한 원리 곧 약속을 가지고 세상을 창조하셨습니다. 해는 낮을 주관하고 달과 별은 밤을 주관하도록, 물고기는 물속에서, 새는 공중에서, 나무는 땅속에 뿌리를 내리고 살도록 만드셨습니다.

하나님의 형상대로 지어진 인간은 '하나님과 함께' 있어야 최고의 행복을 누릴 수 있습니다. 배가 고픈 아이에게는 값비싼 목걸이도 필요 없고 고급 승용차도 필요 없습니다.

어머니의 품에서 젖을 먹을 때가 가장 행복합니다. 마찬가지로 인간은 하나님으로부터 오는 참된 생명의 양식을 먹어야 합니다. 하나님의 형상대로 창조된 영적인 존재인 인간은 하나님 안에서, 하나님과 함께 있어야 참된 평안과 행복을 누릴 수 있습니다. 하나님은 인간에게 세상을 다스리고 정복하는 놀라운 복을 주셨습니다. 하나님은 눈에 보이지 않지만 우리와 가장 가까운 곳에 임재하시며 우리를 사랑하고 계십니다.

원래 인간은 아무런 문제도 없이 하나님 안에서 가장 행복하게 살도록 창조되었습니다.

그런데 어느 날, 인간에게 큰 문제가 찾아왔습니다.

2 하나님을 모르는 사람들

사탄에게 속아 죄를 지어 하나님을 떠난
인간의 문제는 오직 하나님만이 해결하실 수 있습니다

원래 사람은 하나님께 영광을 돌려 드리기 위해 창조되었습니다. 그런데 죄로 말미암아 하나님의 영광에 이르지 못하게 되었습니다(로마서 3장 23절).

하나님은 창조주 하나님과 피조물인 인간 사이에 약속의 증표로 선악과를 주시고 "선악을 알게 하는 나무의 열매는 먹지 말라 네가 먹는 날에는 반드시 죽으리라"(창세기 2장 17절)고 말씀하셨습니다. 하나님은 인간을 로봇이 아닌 '하나님의 형상' 곧 자유의지가 있는 특별한 존재로 창조하셨습니다. 다시 말해, 인간이 하나님의 말씀을 자발적으로 순종할 기회를 주신 것입니다.

하나님은 하나님의 형상으로 지음 받아 지혜와 능력이 뛰어난 인간이 교만하지 않고 인간 스스로가 피조물이라는 사실을 늘 상기시키기 위해 창조주 하나님과 피조물인 인간과의 한계점을 만들어 놓으셨는데, 그것이 바로 선악과입니다. 인간은 하나님의 말씀에 순종할 때 참된 행복을 누릴 수 있습니다. 반대로 하나님의 말씀에 순종하지 않는 만큼 불행해집니다.

그러나 첫 사람 아담은 사탄의 유혹에 속아, 하나님의 말씀을 거역하여 하나님의 사랑을 거절하고 말았습니다. 이는 마치 어린아이가 부모의 말을 듣지 않고 맛있는 것으로 유혹하는 유괴범의 말을 듣고 따라가는 순간, 고통 속으로 들어가는 것과 같습니다. 마귀는 '거짓의 아비'라고 성경은 분명하게 말씀하고 있습니다(요한복음 8장 44절).

죄의 시작

그렇다면 죄는 어디서부터 시작되었을까요?

이 세상이 창조되기 전에 하나님은 심부름하는 종으로 천사들을 지으셨습니다. 천사들은 하나님과 인간 사이에서 하나님의 일을 돕는 영적인 존재일 뿐 우리가 섬길 신적인 대상은 아닙니다. 천사는 하나님께서 부리는 영입니다(히브리서 1장 14절).

그런데 찬양을 담당하던 천사장 중의 하나가 교만해져서 하나님의 영광을 탐하다가 타락하여 천사의 3분의 1과 함께 공중으로 쫓겨나 세상을 혼돈과 공허, 흑암 속에 빠지게 만들었습니다(창세기 1장 2절). 그가 바로 영적인 존재인 사탄 혹은 마귀입니다.

사탄은 '반역자, 배반자, 이단자, 분쟁케 하는 자'라는 뜻을 가지고 있습니다. 사탄은 '범죄한 천사'(베드로후서 2장 4절)요, '세상 임금'(요한복음 16장 11절)입니다. 하나님을 떠난 모든 사람에게 사탄은 임금 노릇을 합니다.

이 세상 신인 사탄은 믿지 않는 자들은 물론이고 믿음이 약한 자들의 마음을 혼미케 해서 하나님의 말씀을 듣지 못하도록 속입니다. 말씀을 듣고 마음에 새겨 응답을 받으면 누구나 살아나기 때문에 사탄은 이를 어떻게든 철저히 막으려고 하는 것입니다. 전직 대통령의 말은 영향력을 행사하지 못하지만, 현직 대통령의 말 한 마디는 엄청난 힘을 발휘하듯 하나님은 살아계시기에 그 말씀이 힘이 있습니다.

사탄은 자신을 광명의 천사로 가장하기도 합니다(고린도후서 11장 14절). 마귀의 정체를 드러내면 아무도 속지 않을 것이기에 마치 사기꾼이 사기를 치러 온 것을 감추고 믿을 만한 사람인 것처럼 위장하듯이, 속임수의 왕인 사탄은 사

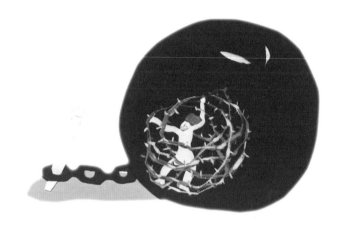

사탄은 '범죄한 천사' 요, '세상 임금' 입니다.
하나님을 떠난 모든 사람에게 사탄은 임금 노릇을 합니다.

람을 통해 일하면서 믿고 맡긴 것을 감쪽같이 거두어가 버
립니다. 사탄은 성경 어디를 봐도 뿔 달린 위협적인 존재로
나타났다는 기록이 없습니다. 사탄은 천사로 가장했다가
때가 되면 집어삼키려고 우는 사자처럼 달려듭니다. 마치
배고픈 사자가 노루나 토끼를 순식간에 달려들어 잡아먹듯

사탄은 눈에 안 보이게 천사처럼 우리를 위하는 것처럼 하다가도 기회가 오면 완전히 파멸시키고 맙니다.

사탄은 생각까지도 조절합니다. 사탄의 존재를 모르면, 자기 '스스로' 생각하는 줄 압니다. '미워하는 생각, 질투하는 생각, 더러운 생각, 음란한 생각' 등은 사탄이 주는 것입니다. 생각 그 자체가 나쁜 것은 아닙니다. 예쁜 아가씨를 보는 순간, '참 예쁘다'라고 생각하는 것 자체는 나쁘지 않습니다. 그런데 '저 아가씨를 유혹해서 어떻게 해볼까?' 하는 생각은 벌써 사탄이 개입한 것입니다. 자신도 모르게 사탄이 주는 생각 속에 빠져 있다가 생각을 행동으로 옮기면 큰 후회를 하게 되는 것입니다.

사탄은 세상 풍속 곧 운명, 사주팔자, 미신, 굿, 점, 부적, 궁합, 풍수지리, 토정비결, 제사 등을 장악했습니다(에베소서 2장 2절). 하나님을 떠난 사람들은 이와 같은 세상 풍속에 사로잡혀 절대 벗어나지 못합니다.

또한 사탄은 예수님을 믿기 전에 길들여진 나쁜 습관인 구습(舊習)을 건드립니다(에베소서 4장 22절). 사탄은 우리의 길들여진 나쁜 습관을 너무나 잘 알고 있기에 그 부분만 집중 공격해 옵니다. 술에 약한 사람은 술친구를 자꾸 보내고, 도박에 약한 사람은 도박친구를 자꾸 보냅니다. 성적(性的)으로 약한 사람에게는 그런 사람을 보내어 넘어지게 만듭니다. 그래서 사탄에게 틈을 주지 말아야 합니다(에베소서 4장 27절). 뱀이나 쥐, 연탄가스는 틈만 있으면 들어옵니다. 허점이 보이면 사탄은 교묘하게 파고 들어가 넘어뜨립니다. 또한 정사와 권세 잡은 이들을 통해서 우리를 실패시키고(에베소서 6장 11절) 가정을 분리시켜 철저히 망하게 만듭니다.

사탄은 영적인 존재이기에 방학도 없고 휴가도 없고 잠자는 시간도 없습니다. 인간은 육신을 가졌기에 제한을 받지만 사탄은 전 세계에서 동시에 역사할 수 있습니다. 두루 다니면서 우리의 약점을 찾고 어떻게 하면 넘어뜨릴까를 생각합니다. 사탄은 구원받은 하나님의 자녀를 지옥으로 끌고 가지는 못합니다. 그래서 할 수 있는 한 믿는 자를 속이고 넘어뜨리려 합니다. 이 사실을 모르면 당하고 맙니다.

하나님을 대적하는 불순종의 죄를 범해 타락한 천사인

사탄은, 인간 또한 하나님을 대적하는 불신앙의 죄를 범하도록 속였습니다.

하와와 가장 친한 뱀 속에 들어가서 선악과를 따먹고 하나님을 떠나도록 거짓으로 속인 것입니다. 하나님은 "동산 각종 나무의 열매는 네가 임의로 먹되 선악을 알게 하는 나무의 열매는 먹지 말라"(창세기 2장 16~17절)고 말씀하셨지만, 사탄은 "하나님이 참으로 너희에게 동산 모든 나무의 열매를 먹지 말라 하시더냐"(창세기 3장 1절)는 부정적인 생각을 심으며 하와를 유혹합니다. 하나님은 "선악과를 먹는 날에는 반드시 죽으리라"(창세기 2장 17절)고 말씀하셨지만 사탄은 "결코 죽지 아니하리라"(창세기 3장 4절)고 말하며 하나님의 말씀을 부인하고 대적합니다. 하나님과 같아지려는 교만한 마음을 품도록 유혹하여 자신이 그랬던 것처럼 철저히 인간을 타락시킵니다.

인류 최초의 사람이었던 아담과 하와가 '하나님과 같이 될 수 있다'는 영적 존재인 사탄의 거짓 유혹에 속아 선악과를 따먹는 불순종의 죄를 짓게 되면서 모든 인간은 하나님을 떠나 사탄의 손에 완전히 사로잡히게 되었습니다(창세기 3장 1~20절). 이것이 바로 인간의 근본문제입니다.

하나님의 말씀에 불순종하여 하나님을 떠난 그 자체가 죄 곧 원죄Original Sin이며 모든 인간은 하나님과 분리된 상태에서 원죄를 가지고 이 땅에 태어나게 됩니다.

만물 중에 유일하게 사람만 하나님의 형상대로 하나님과 교제하며 살도록 창조되었는데 하나님 안에서의 교제와 사랑의 축복을 거절한 것이 바로 죄인 것입니다. 이는 윤리적인 죄나 도덕적인 죄를 말하는 것이 아닙니다. 인간의 근본적인 죄를 말합니다.

모든 사람은 원죄를 가지고 태어납니다. 아기가 태어나 설령 겉으로는 부모를 많이 닮지 않은 것 같아도 유전자는 그 부모와 똑같습니다. 마찬가지로 우리는 아담과 하와의 후손이기 때문에 자신의 행위와 상관없이 원죄를 가지고 태어나게 됩니다. 원죄의 뿌리, 원죄의 씨앗이 계속해서 범죄를 만들어가는 것입니다. 사과 씨에서는 배가 나올 수 없습니다. 죄가 있는 아담의 씨에서는 의로운 자가 나올 수 없습니다. 김씨 성을 가진 아버지의 자녀들은 모두 김씨인 것과 같습니다. 거룩한 척 해도 아담의 후손은 아담의 후손입니다.

원죄를 인정하든 인정하지 않든 모든 인간은 다 죄성을 가지고 태어납니다. 어린아이도 어머니의 젖을 빨다가 젖이 나오지 않으면 젖꼭지를 물어버립니다. 자라면서 동생이 생기면 사랑을 빼앗길까봐 싫어하고 경쟁합니다. 아무도 가르쳐주지 않았는데도 말입니다. 뱃속에서부터 그 죄성대로 배우지도 않은 죄를 짓고, 자라면서 잠재되어 있는 죄가 밖으로 표출됩니다. 아담의 후손은 모두 죄인이며 단한 사람도 의인이 없습니다(로마서 3장 10절).

원래 인간은 하나님의 형상대로 지음 받아 영육간에 죽지 않고 영원히 살도록 창조되었습니다. 그런데 인류를 대표하는 아담 한 사람 때문에 죄가 세상에 들어왔고 그 죄는 곧 사망이었습니다. 자신이 죄인이라고 인정하든 안하든 관계없이 이 땅에 태어난 모든 사람은 다 죽게 됩니다. '죽음'이 바로 죄인이라는 증거입니다. 원죄를 가진 아담의 후손이라는 증거로 누구나 죽게 되는 것입니다. 원죄는 인간의 노력으로 해결되는 것이 아닙니다. 아무리 부인해도 인간은 죄인입니다.

불순종의 죄를 지은 아담과 하와는 죄로 인해 하나님을 떠나게 되었습니다. 이때부터 인간은 하나님과 분리된 영적 죽음의 상태로 빠지게 되었습니다.

더 큰 문제는 최고의 축복된 관계인 유일신 여호와 하나님과 인간과의 교제가 사탄과의 교제로 바뀌어 버린 것입니다. 이때부터 인간의 영을 사탄이 장악하게 되었습니다. 여기에서 인간의 모든 문제가 시작되었음을 성경은 창세기 3장에서 분명하게 말씀하고 있습니다.

원죄의 결과로 온 허물이 바로 자범죄입니다. 사람들은 더 이상 하나님을 사랑하지 않게 되었습니다. 미움, 시기, 분노, 악한 마음을 품게 되었으며 살인까지도 저지르게 되었습니다. 행복하게 살아야 할 사람이 고통과 슬픔, 저주 속에서 살게 되었습니다. 그뿐만이 아닙니다. 하나님 안에서 영원히 살 수 있었던 사람이 죄 때문에 죽음의 저주를 받게 되었습니다. 죽은 후에는 심판을 받고 영원한 지옥으로 가게 되었습니다. 지옥은 나쁜 짓을 한 사람이 가는 곳이 아니라 죄의 문제를 해결 받지 못한 사람이 가는 곳입니다. 아무리 훌륭하고 똑똑하고 착한 사람이라도 죄의 문제를 해결 받지 못하면 지옥으로 가야 합니다. 사람의 노력으로는 죄의 문제를 해결할 수도 없으며 참된 행복과 평안을 얻을 수도 없습니다.

하나님과 함께 있어야 행복한 인간이 하나님으로부터 떨어져 나와 분리되어 있는 상태가 바로 죄입니다. 하나님을 떠난 인간은 영적으로는 무지해지고 육적인 수준에 머물러 살 수밖에 없게 되었습니다. 그래서 하나님이 살아계신다는 사실을 모르게 되고 심지어는 하나님을 인정하지 않고 부인하며 거부하게 되는 것입니다.

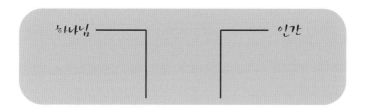

하나님을 떠난 자의 영적인 상태

*사탄의 자녀

하나님을 떠난 인간은 그 영이 죽게 되었습니다. 그리고 해결할 수 없는 죄 가운데 거하게 되었습니다. 죄 중에서 가장 큰 죄는 구원을 거부하고 하나님을 거부하는 죄입니다. 이것이 바로 앞서 설명한 원죄입니다.

'죄' 의 원래의 뜻은 '(화살이 과녁을 맞추지 못하고) 빗나갔다' 는 뜻입니다. 하나님의 말씀대로 살아야 할 인간이 눈에 보이지 않는 흑암의 세력에 속아 죄를 지어 하나님을 떠나 빗나가버렸습니다.

죄로 말미암아 하나님을 떠나게 된 인간은 사탄의 지배를 받으며 살게 되었습니다. 눈에 보이지 않는 사탄은 사람들의 마음과 생각을 장악하여 하나님을 알지 못하도록 속이고 온갖 악한 일을 하게 만들었습니다. 거짓으로 사람들을 망하게 하며 결국은 마귀의 종노릇을 하게 만들어 버립니다.

인간은 사탄에게 장악되어 있기에 당장 어려움을 당하면 굿을 하고 점을 칠 수밖에 없습니다. 제사를 지내지 않으면 큰 문제가 옵니다. 악한 영들의 역사가 심한 지역에 가면 반드시 문제가 생깁니다. 마귀의 손에 장악되어 있기 때문입니다. 어떤 사람은 연속해서 큰 문제 속에 휘말리기도 합니다. 이유도 모른 채 말입니다.

"너희는 너희 아비 마귀에게서 났으니 너희 아비의 욕심대로 너희도 행하고자 하느니라 그는 처음부터 살인한 자요 진리가 그 속에 없으므로 진리에 서지 못하고 거짓을 말할 때마다 제 것으로 말하나니 이는 그가 거짓말쟁이요 거짓의 아비가 되었음이라"

(요한복음 8장 44절)

＊우상 숭배

인간은 영원(永遠)을 사모하는 마음이 있기에(전도서 3장 11절) 영적인 문제가 해결되지 않으면 갈급함을 느끼게 됩니다. 영적인 갈급함은 육신적인 것으로는 채워지지가 않습니다. 엄마에게 젖이 많으면 어린아이는 다른 것을 애타게

찾을 필요가 없습니다. 그러나 배고픈 어린아이에게 젖을 주지 않으면 손에 잡히는 대로 입에 넣습니다. 손가락도 빨고 지우개도 빨고 연필도 빱니다. 아이는 더러운지 위험한지도 모르고 배가 고프니 본능적으로 아무것이나 입에 넣습니다. 영적인 존재인 인간이 영적 문제가 해결되지 않으면 우상 앞에 가서 빌게 되는 것입니다.

하나님을 떠난 사람들은 그 영을 사탄이 장악하고 있기에 운명과 사주팔자에서 벗어나지 못합니다. 아무리 노력하고 애를 써도 문제는 해결되지 않습니다. 이런 문제를 해결하기 위해 인간이 찾은 방법이 바로 우상 숭배입니다. 우상 숭배보다 조금 수준 높은 것이 종교입니다. 자신도 모르게 온 영적인 문제를 하나님이 아닌 다른 방법으로 해결하려고 몸부림치는 것이 바로 종교요, 우상 숭배인 것입니다. 엄마의 젖을 먹어야 하는 아이가 다른 것을 자꾸 빨면 젖은 고사하고 다른 문제가 오게 되듯, 우상 숭배를 많이 하면 영적인 문제가 오게 됩니다.

하나님을 만나지 못한 많은 사람들이 세상풍속에 젖어

있고 우상을 직접적으로 섬기지 않는 그리스도인들조차 우상 사상에 물들어 있는 경우가 많습니다. 하나님을 믿지 않는 이들 중에 그런 것과 상관없이 산다는 사람들도 막상 어려운 일을 당하면 용하다는 점집이나 철학관부터 찾게 됩니다. 선거철만 되면 역술인들이 모여 사는 동네는 문전성시를 이룹니다. 제 아무리 사랑하는 사이라고 해도 궁합을 보고 맞지 않으면 결혼할 수 없고, 이사도 손(사람을 괴롭히는 나쁜 귀신) 없는 날을 택해서 가야 합니다. 묘터와 명당자리를 잡기 위해 풍수지리를 봅니다. 불안하고 미래가 두려운 사람들은 염주를 지니거나 몇 만원에서부터 몇 백 만원씩 하는 부적을 몸에 지니고 다니고 집안에 붙여 놓기도 합니다. 나무에 절을 하고 돼지머리를 놓고 고사를 지내며 복을 달라고 빕니다. 무속인을 찾아가서 굿을 하고 점을 치기도 하지만 알고 보면 실제로 무속인들 속에 들어가서 이상한 힘을 나타내는 것은 바로 사탄입니다.

> "공중의 권세 잡은 자를 따랐으니 곧 지금 불순종의 아들들 가운데서 역사하는 영이라" (에베소서 2장 2절)

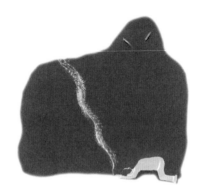

사탄은 본질적으로 저주 가운데 있기에
귀신을 섬기는 자는 영적인 문제가 올 수밖에 없습니다

하나님을 떠나 사탄의 자녀가 된 인간들은 결국 사탄이
원하는 대로 살 수밖에 없습니다. 영적인 갈급함과 불안을
해소하려고 종교와 미신, 우상을 숭배하거나 정성껏 조상
을 섬겨 보지만 섬기면 섬길수록 개인과 가정, 사업과 가문
에 이유를 알 수 없는 저주와 고통과 실패가 계속됩니다.
그 이유는 하나님을 떠나 영적인 죽음의 상태에 있기 때문
입니다.

하나님을 떠난 인간은 불안과 두려움, 공허함을 느끼게 됩니다. 돈이 있는데도 불안합니다. 높은 자리에 앉아 있어도 왠지 모르게 두렵습니다. 명예와 권세가 있어도 항상 공허합니다. 그래서 유명한 학자나 경제인 중에 자살로 생을 마감한 이들이 많이 있습니다. 공부나 학식을 통해서 행복을 찾을 수 없었기 때문입니다. 하나님을 만나지 못하면 성공할수록, 지식이 뛰어날수록 오히려 더 큰 문제가 오게 되는 것입니다. 그 누구도 하나님을 만나지 못하면 영적 문제에서 해방 받을 수 없습니다.

*정신문제

에베소서 2장 3절의 말씀을 보면 하나님을 떠난 자들을 '본질상 진노의 자녀'라고 말씀하고 있습니다. 타락한 천사인 사탄은 하나님의 저주 가운데 있는 존재입니다. 이것이 사탄의 본질입니다. 사탄은 절대 용서받지 못합니다.

하나님은 아담이 범죄하자마자 그를 부르시고 변명할 기회를 주셨습니다. 그러나 다급해진 아담은 아내에게 책임을 떠넘깁니다.

"하나님이 주셔서 나와 함께 있게 하신 여자 그가 그 나무 열매를 내게 주므로 내가 먹었나이다"(창세기 3장 12절)

"내 뼈 중의 뼈요 살 중의 살이라"(창세기 2장 23절)는 고백은 사라지고 하나님이 괜히 저 여자를 만들어 선악과 열매를 먹게 하셨다고 핑계를 댑니다. 만약 아담이 "제 아내는 아무런 잘못이 없습니다. 모두 제 잘못입니다."라고 했다면 얼마나 행복했을까요? 하와도 마찬가지로 뱀에게 핑계를 댑니다.

"뱀이 나를 꾀므로 내가 먹었나이다"(창세기 3장 13절)

타락한 인간은 자신의 잘못을 시인하려 하지 않고 서로에게 책임을 전가하고 핑계대기에 바쁩니다.

하나님은 아담과 하와에게는 변명할 기회를 주셨지만 뱀은 바로 저주해버렸습니다. 하나님은 인간에게는 은총을 베푸셨지만 사탄은 용서없이 바로 심판하신 것입니다. 예수님께서 재림하실 때 사탄은 영영한 불 곧 지옥에 갇히게 됩니다(마태복음 25장 41절). 그렇기에 사탄은 어떻게 하든지 인간을 지옥으로 끌고 가려고 발악합니다.

에이즈에 걸린 26살 된 한 청년이 1년 안에 죽는다는 사형선고를 받았습니다. 치료할 약은 없고, 살 날은 고작 1년밖에 남지 않았는데 죽기에는 너무 젊습니다. 청년은 생각할수록 억울하다는 생각이 들었습니다. 그래서 에이즈 환자가 아닌 척 돌아다니며 자신의 병을 옮겼습니다. '이왕 죽는 거 같이 죽자.'는 심산이었던 것입니다. 사탄이 이와 같습니다.

사탄에게 사로잡힌 사람은 어쩔 수 없이 정신문제로 고통 받게 됩니다. 사탄은 본질적으로 저주 가운데 있기에 귀신을 섬기는 자는 영적인 문제가 올 수밖에 없는 것입니다.

전혀 표시나지 않게 마음의 병으로, 정신적인 병으로 나타납니다. 심한 악몽이나 가위에 눌리기도 하고 환상, 환청, 환각에 시달리기도 합니다. 때로는 극도의 불안 속에 휩싸이거나 불면증으로 괴로워하고 극심한 우울증과 조울증으로 고통당합니다. 야뇨증이나 몽유병 증세, 혹은 의처증, 의부증, 대인기피증, 대인공포증 등의 문제가 심각한

양상으로 표출되기도 합니다. 노이로제나 우환, 질고가 끊이지 않고 반복됩니다. 그러다보니 안식이 없고, 기쁨도 없으며, 늘 불안하고 조급합니다. 날마다 호화로이 연락(宴樂)하는데도 마음에 참된 평안이 없습니다.

이들에게 하나님은 "수고하고 무거운 짐 진 자들아 다 내게로 오라 내가 너희를 쉬게 하리라"(마태복음 11장 28절)고 말씀하고 계십니다.

＊육신의 고통

귀신은 육안으로는 절대 보이지 않기에 이유도 모른 채 고통당하는 사람들이 많습니다.

이름만 대면 알 정도로 유명한 기자 한 분을 만났는데 심각한 문제로 시달리며 고통당하고 있었습니다. 그는 저를 보자마자 살려 달라는 말부터 했습니다.

"증세가 어떻습니까?"

"잠자리에만 들면 심하게 가위에 눌립니다. 어느 정도면 참을 수 있겠는데 너무 심합니다. 밤새 한잠도 못 잤습니다. 제가 너무 헐떡거리고 숨을 못 쉬고 땀을 흘리니까 집 사람이 흔들어 깨운 적이 한두 번이 아닙니다. 일어나서 물 한 모금 마시고 잠들면 그런 일이 또다시 반복됩니다."

이 문제를 해결하려고 큰 병원에 가서 몇 번이나 정밀 검사를 했는데도 결과는 언제나 정상으로 나왔다고 했습니다. 당연히 그럴 것입니다. 박사들이 보는 전문 서적에도 사탄, 마귀, 귀신에 관한 이야기는 나오지 않습니다. 엑스레이를 찍어도 나타나지 않습니다. 이는 오직 하나님의 말씀인 성경에만 폭로되어 있는 사실입니다.

우상을 숭배하던 사마리아 사람들은 여러 가지 불치병으로 큰 어려움을 당하고 있었습니다(사도행전 8장 4~8절). 더구나 많은 사람들에게 더러운 귀신들이 붙어 심각한 고통 중에 있었습니다. 바로 사탄이 사마리아 사람들에게 붙어 괴롭히고 있었던 것입니다. 사도행전 10장 38절에는 귀신들이 사람들을 누르고 있다고 말씀하고 있습니다.

주로 귀신을 많이 숭배하는 종갓집 장손에게 이와 같은 문제가 많이 오기에, "종갓집 장손입니까?"하고 물어보았습니다. 그는 아니라고 했습니다.

"혹시 어머니나 할머니, 외갓집 식구 중에 무속인이 계시지 않습니까?"

"목사님, 어떻게 아셨습니까? 저희 어머님이 무속인입니다."

"선생님의 어머니가 젊었을 때 부려먹던 악령이 어머니가 연세가 드시니 선생님께 오게 된 것입니다. 그걸 보고 대물림이라고 합니다."

그는 복음을 듣고는 하염없이 눈물을 흘렸습니다.

다음날 그에게서 전화가 왔습니다.

"목사님, 어젯밤에는 한 번도 깨지 않고 잘 잤습니다."

문제를 해결 받은 그는 자신의 부하 직원을 꼭 좀 만나 달라고 부탁했습니다. 일류 대학을 나온 엘리트가 밤낮 술에 취해 살아가는 것이 안타까워 왜 그렇게 사느냐고 물어봤더니, 자신의 어머니가 용하다는 무속인을 찾아갔는데 아들이 서른일곱 이전에 결혼하면 죽는다고 했다고 합니다. 또한 그 어머니는 2년 전부터 근육이 뒤틀리는 마비 증세가 와서 집안이 말이 아니라고 했습니다.

그래서 다음 날 그를 만나서 복음을 전했습니다. 문제를 해결 받은 그가 자신의 집에 와서 복음을 전해 달라고 간청해서 갔더니 하나님께서 그 어머니와 동생도 구원받는 은혜를 주셨습니다. 서른일곱 살이 되기 전에 결혼하면 죽는다던 그분은 서른일곱이 되기 전에 결혼해서 자식을 낳고 행복하게 살고 있습니다.

하나님을 떠나서 오게 된 영적 문제는 반드시 정신문제를 거쳐서 육신문제로 오게 됩니다. 이때쯤 되면 사람들은 병원을 찾습니다. 종기가 나면 수술하면 되지만 영적인 문제는 엑스레이로도 나타나지 않으니 본인은 죽을 만큼 고통스러운데도 의사들은 아무런 이상이 없다고만 합니다. 영적인 문제를 육신적인 방법으로 풀려고 하면 더욱 해결하기가 어렵습니다. 영적인 문제로 온 질병은 먼저 예수 그리스도를 정확하게 알아야 해결됩니다. 자신에게 온 문제가 영적인 문제인 줄 알고 그리스도의 이름을 부르며 싸우기 시작하면 반드시 해결됩니다.

"많은 사람에게 붙었던 더러운 귀신들이 크게 소리를 지르며 나가고 또 많은 중풍병자와 못 걷는 사람이 나으니 그 성에 큰 기쁨이 있더라" (사도행전 8장 7~8절)

＊죽음과 지옥의 심판

제사문제 때문에 교회에 다니다가 안다닌다는 어느 신문사 국장님을 만나게 되었습니다. 식사를 하면서 복음을 전했는데 제사문제에 걸려 복음을 받아들이는 것을 거부했습니다. 성경을 찾아 부자와 나사로의 이야기를 전해 드렸습니다.

"어차피 국장님도 때가 되면 이 세상을 떠나고, 저도 그렇게 될 것입니다. 국장님이 가실 길을 미리 알아 놓아야겠지요." 그러면서 지옥에 관해 말씀드렸습니다. 얘기를 듣는 그분의 표정이 일순 굳어졌습니다. 그래도 그는 끝까지 복음만은 거부했습니다.

이 땅에서의 삶이 끝이 아닙니다. 죽음으로 끝나버린다면 이 땅에 살면서 적당히 사기 치고 거짓말하고 마음대로 살아도 되지만 사후에는 영원한 세계가 있습니다. 육신은 죽어서 흙으로 돌아가지만, 우리의 영혼은 천국과 지옥으로 돌아가게 됩니다.

많은 사람들이 인생의 해답을 알지 못한 채 생을 보내다가 겨우 깨닫게 되는 날이 오는데, 그때가 바로 죽음과 마주하게 되는 순간입니다. 하나님을 부인하고 현실에만 집착하며 살다가 결국은 죽어서 영원한 지옥의 심판을 받게 되는 것입니다.

해가 뉘엿뉘엿 지면 우리는 각자 자신의 집으로 돌아갑니다. 마찬가지로 구원받은 하나님의 자녀는 하나님의 집인 천국으로, 마귀의 종노릇을 하던 사람들은 마귀를 가두는 집인 지옥에서 영원히 고통을 당하게 됩니다. 죽은 후에는 아무리 몸부림을 치고 애원해도 구원을 받을 수 없습니다. 이미 늦은 것입니다.

어떤 이들은 자신도 모르게 나타나는 영적인 문제로 인해 극도로 황폐화된 삶을 살다가 돌아가야 할 집이 있다는 사실을 모른 채, 이 땅에서의 문제를 죽음으로 해결하려 자살을 하기도 합니다.

불과 유황으로 고난 받으며 세세토록 빠져 나올 수 없는 곳이 지옥입니다(요한계시록 14장 10절~11절). 저는 가끔씩 한증막에서 목욕을 하고 나오면서 이런 기도를 드립니다.

"하나님, 지옥이 더도 덜도 말고 이만큼만 뜨거워도 못 살겠습니다. 지옥에 가지 않도록 구원해 주신 것을 감사합니다. 할렐루야!" 포항제철의 철을 녹이는 뜨거운 불과 비교도 안 되는 것이 유황불입니다.

지옥에서는 자살도 할 수 없습니다. 육신은 자살할 수 있어도 영은 자살할 수 없기 때문입니다. 우리가 잠들어 누워 있으면 비록 몸은 굳어져 있지만 영은 악몽을 꾸고 시달릴 때가 많은 것처럼, 죽으면 몸은 이미 굳어졌지만 그 영은 펄펄 끓는 지옥으로 들어가 버립니다.

하나님과 하나님의 말씀, 우리의 영혼은 영원합니다. 지옥에서 영원히 멸망 받을 것을 생각하면 복음을 전하지 않을 수 없습니다.

＊영적인 유산

이 모든 문제가 본인에게서 끝난다면 얼마나 다행일까요? 하나님을 만나지 못한 사람들은 죽어서 자신만 지옥에 가는 것이 아니라 영적인 유산이 자녀에게 그대로 대물림됩니다. 부모에게 있는 좋은 것과 나쁜 것은 자녀에게 반드시 영향을 줍니다. 영적 문제와 우상 숭배, 종교까지도 말입니다.

"너를 위하여 새긴 우상을 만들지 말고 또 위로 하늘에 있는 것이나 아래로 땅에 있는 것이나 땅 아래 물속에 있는 것의 어떤 형상도 만들지 말며 그것들에게 절하지 말며 그것들을 섬기지 말라 네 하나님 여호와는 질투하는 하나님인즉 나를 미워하는 자의 죄를 갚되 아버지로부터 아들에게로 삼사 대까지 이르게 하거니와"

(출애굽기 20장 4~5절)

성경은 제사도 하나님이나 사람이 아닌 귀신을 섬기는 것이기에 지내지 말라고 말씀하고 있습니다(고린도전서 10장

20절). 하나님을 믿지 않는 자들은 조상이 오는 줄 알고 제사를 지내지만 성경에는 조상이 오는 것이 아니라 귀신이 왔다 간다고 말씀하고 있습니다. 귀신을 끌어들이는 방법이 바로 제사를 지내는 것입니다. 지옥에는 물 한 방울도 없다고 했는데 제사를 지낸다고 그 음식을 조상이 먹을 수 있겠습니까! 어떤 사람들은 예수님을 믿는 사람들을 보며 '조상님도 모르고 제사도 안 지내는 나쁜 사람들'이라며 욕하기도 합니다. 하지만 영적인 사실을 알면 제사를 지낼 수가 없습니다.

어떤 목사님의 불신자 친구가 제사를 지내지 않는 목사님을 보며 자꾸만 놀렸습니다.

"꿈에 보니 자네가 제사를 안 드려서 자네 아버지가 힘이 없어 겨우 숨만 쉬고 계시더군."

목사님이 가만히 듣고 보니 괘씸한 생각이 들었습니다.

"나도 꿈에 봤는데 우리 부모님은 제사를 안 드려서 굶어 돌아가셨는데 자네 부모님은 좀 달랐네. 자네는 하루 세끼 꼬박꼬박 밥을 챙겨 먹으면서 자네 부모님께는 제삿날,

명절날만 차려 드리니 죽지도 못하고 살지도 못하고 계시더군."

그 후 친구는 두 번 다시 놀리지 않았다고 합니다.

어떤 아버지가 아들에게 이런 말을 하는 것을 들은 적이 있습니다.

"난 제사를 지내야 하니 죽어도 교회에 갈 수 없다. 죽고 나서 제사 밥을 얻어먹어야 하니 너도 절대 예수를 믿지 말아라."

조상이 밥을 드시러 오는 것이 맞다면 일 년에 두어 차례가 아니라 하루 세끼를 차려 놓아야 할 것입니다.

복음을 모르고 귀신을 많이 섬기면 후손 삼사 대까지 영적인 문제에 시달리게 됩니다. 어떤 가문은 해결되지 않는 이상한 문제들로 어려움을 당하면서도 그 이유를 알 수 없어 고통 속에 살기도 합니다. 단명하는 사람이 계속 된다거나, 대를 이어 자살하기도 하고, 심각한 질병이 대를 이어 나타나기도 합니다. 술을 마시는 정도가 지나쳐 알코올 중독에 걸리기도 하고, 단순한 놀이의 수준을 넘어서서 도박에 중독되어 한 가문이 파탄에 이르기도 합니다. 부모의 실패와 무기력이 자녀에게 전달되어, 하는 일마다 실패를 거듭하고 늘 무기력한 삶을 살아가기도 합니다.

　이것이 바로 하나님을 떠난 사람들의 영적인 상태이며 반드시 이 순서대로 고통을 당하며 살게 됩니다. 이 모든 문제는 인간의 근본문제로부터 온 것입니다. 하나님을 떠난 사람들은 이와 같은 근본문제에서 결코 빠져 나올 수 없습니다. 아무리 몸부림을 쳐도 문제는 해결되지 않습니다. 이는 하나님을 떠나 자신도 모르게 사탄의 종노릇을 한 결과인 것입니다. 이러한 영적인 문제는 인간 스스로의 노력이나 공로, 혹은 이 세상의 어떤 가치 있는 것으로도 해결할 수 없습니다. 인간에게는 이러한 영적인 문제를 해결할 수 있는 힘이 없기 때문입니다. 하나님은 악인이 죄악 중에서 죽는 것을 원치 않으시며 복음을 듣고 살게 되는 것을 간절히 원하십니다.

　인간은 하나님을 만나지 못하면 참된 행복을 누릴 수 없습니다. 자동차가 고장 나면 자동차 정비소에 가야 합니다.

슈퍼마켓에 가서는 절대 고칠 수 없습니다. 사탄에게 속아 죄를 지어 하나님을 떠난 인간의 문제는 오직 하나님만이 해결하실 수 있습니다. 인간을 창조하신 하나님께만 유일한 해결책이 있습니다.

3 예수 그리스도는 누구신가?

아무리 용감한 사람이라도 위기를 만나거나
죽음과 대면하게 되는 극한 순간에는 하나님을 찾게 됩니다
이것이 바로 인간의 본성입니다

인간은 영적인 존재이기에 하나님을 찾는 본성이 있습니다. 갓 태어난 어린아이는 본능적으로 어머니의 젖을 찾습니다. 어린아이에게는 어머니의 품보다 더 좋은 곳이 없습니다. 이와 마찬가지로 인간은 자신도 모르게 하나님을 찾으려고 몸부림칩니다. 아무리 용감한 사람이라도 위기를 만나거나 죽음과 대면하게 되는 극한 순간에는 하나님을 찾게 됩니다. 이것이 바로 인간의 본성입니다.

사람들은 진실하게, 착하게 살면 하나님을 만날 수 있다고 생각합니다. 종교를 통해 하나님을 만나려고 열심히 종교생활을 하기도 합니다. 그러나 아무리 진실해도 어느 날 집안에 들이닥치는 재앙을 막을 수는 없습니다. 종교생활을 하면 할수록 오게 되는 영적 문제를 막을 길이 없습니다. 학문, 철학, 과학, 점술 등을 통해 하나님을 만나려 하지만 실패하고 결국은 허무해지고 맙니다.

사람들은 사탄의 유혹에 속아 죄를 지어 하나님을 떠난 '원죄'를 모르기에 인간적인 노력을 하며 생을 보내게 되

종교, 학문, 철학, 과학, 점술, 등을 통해 하나님을 만나려 하지만
실패하고 결국은 허무해지고 맙니다

는 것입니다. 이 문제는 진실하게 살거나 열심히 종교생활을 하거나 철학이나 공을 닦는다고 해결되지 않습니다. 헌신이나 봉사로 해결될 문제는 더욱 아닙니다. 이 문제는 오직 하나님의 방법으로, 하나님만이 해결하실 수 있습니다.

구원받지 못하면 하나님을 만날 수 있는 자격이 없습니다. 먼저 신분부터 바뀌어야 합니다. 이미 그 영이 하나님을 떠나서 죽은 상태이기에 아무리 인간적인 노력을 해도 소용이 없는 것입니다. 인간은 하나님을 만날 수도 없고 볼 수도 없습니다. 인간의 힘으로는 사탄을 이길 수도 없고 하나님의 비밀을 깨달을 수도 없으며 죄와 저주, 재앙, 지옥의 권세를 면할 길도 없습니다.

하나님의 구원 계획

하나님은 공의로우시며 사랑이 풍성한 분이십니다.

선악과를 먹으면 반드시 죽게 된다는 것이 하나님의 법입니다. 그런데 아담과 하와가 선악과를 먹었기에 하나님의 공의대로 죽어야 합니다. 그러나 사랑의 하나님께서는 하나님을 떠나 죄에 빠져 사탄의 종노릇을 하는 인간을 구원하기 위해 죄가 없는 독생자 예수 그리스도를 보내어 인간의 죄를 대신하여 십자가에 못 박아 죽게 하심으로 하나님의 공의를 만족시켰습니다. 예수의 공의로, 십자가 보혈의 능력으로 누구든지 예수를 믿기만 하면 죄 사함을 얻고 하나님의 자녀가 될 수 있는 것입니다.

하나님은 인간이 범죄한 바로 그 순간에 '죄와 저주, 사탄의 권세에서 인간을 구원할 메시아, 여자의 후손'을 보내실 것을 약속하셨습니다(창세기 3장 15절). 죄가 있는 아담의 후손이 아닌, 성령으로 잉태된 하나님의 아들이 오실 것이라는 약속을 주셨습니다(이사야 7장 14절). 눈에 보이지 않는 하나님이 우리와 함께 하시기 위해, 인간을 구원하시기 위해, 눈에 보이는 인간의 모습으로 오실 것을 미리 약속의 말씀으로 주신 것입니다. 그 예언의 말씀이 드디어 성취되었습니다.

하나님은 사탄의 유혹에 빠져 멸망 가운데 있는 인간을 그대로 내버려두지 않으시고 하나님께로 올 수 있는 구원의 길을 열어 주셨습니다. 이것이 바로 '복음'입니다. 하나님께서는 아무런 조건도 따지지 않으시고 인간을 구원하기로 작정하셨습니다. 이것이 바로 하나님의 은혜입니다.

예수님께서 십자가를 지심으로 말미암아 사탄의 모든 권세와 불신앙과 죄의 문제는 십자가에서 완전히 해결되었습니다. 이 사실을 믿는 자는 생명을 얻게 됩니다. 하나님은 구원의 대가를 원하지 않으시고 단지 믿으라고만 하셨습니다. 구원받는 데는 우리의 조건이 전혀 필요치 않습니다.

인간의 힘과 노력으로는 구원받을 수도, 깨달을 수도 없기에 하나님께서 인간을 구원하시려고 사람의 몸을 입고 이 땅에 오셨습니다. 이를 신학적인 용어로 성육신이라고 합니다. 이것이 바로 우리를 구원하기 위한 하나님의 방법입니다.

복음은 하나님의 아들에 관한 것이며, 그 아들이 곧 '예수 그리스도'라고 말씀하고 있습니다. 다시 말하면, '복음은 곧 예수 그리스도'입니다. 예수 그리스도께서 구약에서 지속적으로 예언되어왔던 다윗의 혈통으로 오셨고, 이 땅에 육신의 옷을 입고 오셨으며, 십자가에서 죽으시고 하나님의 아들이라는 증거로 부활하셨습니다.

예수님은 참 하나님이신 동시에 참 인간이십니다. 이 역할을 감당할 수 있는 유일한 분은 예수 그리스도밖에 없습니다. 예수님이 참 사람이 되어야만 하는 이유는 사람의 죄는 사람만 감당할 수 있기 때문입니다. 죄는 피를 흘리지 않고는 해결되지 않습니다(히브리서 9장 22절, 레위기 17장 11절). 예수님께서 인간의 죄를 사하기 위해서는 피를 흘려야 하는데 영이신 하나님은 육체가 없으므로 피가 없으십니다. 하나님이신 예수님이 육신의 옷을 입어야 피를 흘릴 수 있는 것입니다. 그래서 예수님이 인간이 되셔야 했고 인간을 구원하기 위해 속죄의 피를 흘리신 것입니다. 예수 그리스도의 보혈의 능력으로 우리가 예배를 드릴 때마다 깨끗하게 씻음을 받을 수 있는 것입니다. 어떤 죄를 지었더라도 보혈의 피를 믿으면 깨끗하게 씻음을 받게 됩니다. 허물과 죄로 죽은 인간은 절대 중보자가 될 수 없습니다. 죄인이 죄인을 용서할 수 없기 때문입니다. 예수님께서 여자의 후손으로, 성령으로 잉태되어 이 땅에 오신 이유가 바로 여기에 있습니다.

예수 그리스도는 어떤 일을 하셨는가?

성경 66권에 나오는 단어 중에 가장 중요한 단어는 '기름 부음을 받은 자'입니다.

'기름 부음 받은자' 라는 뜻을 가진 그리스도는 누구입니까?
참선지자, 참제사장, 참왕으로 오신 하나님의 아들이십니다.
이 비밀을 알고 영접하는 자 곧 예수의 이름을 믿는 자들에게
하나님의 자녀가 되는 권세를 주셨습니다

구약시대에 기름 부음을 받은 직분은 왕, 선지자, 제사장의 단 세 직분이었습니다. 기름 부음을 받기 전까지는 단지 아들로 있다가, 기름 부음을 받아 왕으로 책봉을 받으면 그때부터 천하가 벌벌 떨게 되는 놀라운 권세가 따라옵니다. '기름 부음 받은 자' 라는 말은 흑암의 세력을 이길 수 있는 엄청난 권세를 부여받은 것을 의미합니다.

기름 부음 받은 왕, 선지자, 제사장도 인간의 근본문제는 해결할 수 없습니다. 그래서 하나님은 참된 왕, 선지자, 제사장을 보내겠다고 약속하셨는데 그 단어가 바로 그리스도입니다. 구약에서는 이를 '메시아' 라고 합니다.

크리스마스(Christmas)는 '기름 부음 받은 자' 라는 뜻의 'Christ' 와 '날, 기념일' 이라는 뜻의 'mas' 가 합쳐진 것입니다. 그래서 크리스마스는 '기름 부음 받은 자의 날' 이라는 뜻입니다.

그렇다면 '기름 부음 받은 자' 라는 뜻을 가진 그리스도는 과연 누구입니까?

인간을 멸망시키는 죄와 저주, 사탄의 권세에서 인간을

구원하시기로 작정하신 하나님께서 '그리스도'의 직분을 담당하신 참된 구원자를 이 땅에 보내셨는데, 그 이름이 '예수'입니다. 예수는 '자기 백성을 저희 죄에서 구원할 자'라는 뜻입니다(마태복음 1장 21절). 예수님은 인간의 근본 문제 세 가지를 해결하시기 위해 오셨습니다.

하나님을 떠난 인간은 하나님을 만나기만 하면 새생명을 얻을 수 있습니다. 하나님을 만나는 길을 여신 참 선지자가 바로 예수 그리스도이십니다.

"내가 곧 길이요 진리요 생명이니 나로 말미암지 않고는 아버지께로 올 자가 없느니라" (요한복음 14장 6절)

백성들의 죄를 하나님 앞에 고해 죄 사함을 받게 하는 직분이 바로 제사장입니다. 예수님은 인간이 그렇게도 두려워하고 궁금해 하는 모든 운명과 저주, 죄의 문제를 완전히 해결하신 참 제사장이십니다.

"이는 그리스도 예수 안에 있는 생명의 성령의 법이 죄와 사망의 법에서 너를 해방하였음이라" (로마서 8장 2절)

왕은 권세를 가지고 나라를 통치하는 자입니다. 예수님은 참된 왕으로 오셔서 사탄의 모든 권세를 꺾으셨습니다.

"죄를 짓는 자는 마귀에게 속하나니 마귀는 처음부터 범죄함이라 하나님의 아들이 나타나신 것은 마귀의 일을 멸하려 하심이라"

(요한일서 3장 8절)

예수님은 사탄을 이길 수 있는 권세를 가진 분이십니다. 인간의 몸을 입고 오셨지만 죄가 전혀 없으시며 그에게는 죄를 사하는 권세가 있습니다. 인간이 지은 죄의 대가로 십자가에서 죽으시고 장사지낸 지 사흘 만에 부활하셨습니다.

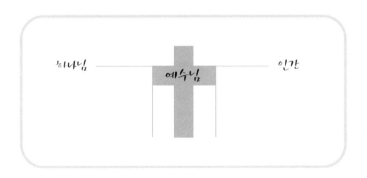

불치병자도 예수 그리스도를 만난 후에 완전히 나음을 입었고, 죽은 나사로도, 나인성 과부의 죽은 아들도 살아났습니다. 예수님은 오병이어로 오천 명을 먹이고도 남을 정도의 기적을 행하셨습니다. 예수님을 만난 사람은 한결같이 자신이 가지고 있던 중요한 문제를 해결 받았습니다. 이 비밀을 알고 영접하는 자 곧 예수의 이름을 믿는 자들에게는 하나님의 자녀가 되는 권세를 주셨습니다(요한복음 1장 12절).

4 나는 어떻게 하나님을 만날 수 있을까?

예수 그리스도를 마음 속에 주인으로 영접하는 순간
신분이 바뀌고 영적인 고통과 저주에서 완전히 해방됩니다

A JOYFUL GIFT

인생의 주인이 내가 되면 언젠가는 한계에 부딪치게 됩니다. 인생의 주인이 누구냐에 따라서 운명이 좌우됩니다. 당신은 누구를 주인으로 모시고 살고 있습니까? 당신의 생명의 주인이 누구입니까? 우리를 지으신 창조주 여호와의 손에 우리 인생을 맡기지 않았는데 주님이 우리를 책임지실 수는 없습니다. 그리스도를 주인으로 믿고 성령 충만을 회복하기만 하면 모든 영적 문제는 해결될 것입니다.

예수 그리스도를 마음 속에 주인으로 영접하는 순간, 신분이 바뀌고 영적인 고통과 저주에서 완전히 해방됩니다. 예수님을 구주로 영접하는 순간, 이 세상의 권세와 사탄에게서 완전히 해방됩니다.

지금 이 시간, 예수님이 그리스도라는 사실을 믿고 마음의 문을 열고 예수 그리스도를 마음속에 모셔 들이면 약속하신 대로 주님이 마음속에 들어와 영원토록 인도하십니다. 다음의 기도를 믿음으로 따라해 보세요.

"사랑의 하나님, 하나님의 놀라운 사랑과 구원의 계획에 감사를 드립니다. 이제 저는 죄인인 것을 깨닫고 회개합니다. 지금 나는 내 마음의 문을 열고 예수님을 나의 구주, 나의 하나님으로 내 마음속에 영접합니다. 나의 죄를 용서해 주시고 나를 구원해 주셔서 감사합니다. 이제부터 하나님의 뜻에 순종하며 살게 해 주옵소서. 예수님의 이름으로 기도합니다. 아멘."

예수님을 마음속에 영접한 당신은 하나님의 자녀가 되었습니다. 이제, 성령께서 항상 함께 하시며 인도하시고 역사하십니다. 예수 그리스도의 생명과 능력이 당신의 영혼 속에 내주하십니다. 성령께서 말씀을 깨닫게 해 주십니다. 예수님의 이름으로 기도하면 하나님의 뜻대로 반드시 응답하십니다. 주의 천군, 천사의 도움을 받으며 살게 됩니다. 예수 그리스도의 이름으로 사탄의 세력을 결박할 수 있습니다. 천국 시민권을 가진 천국 백성으로써 이 땅에서도 천국의 복을 누리며 살게 됩니다. 복음으로 세상을 정복하고 다스리는 축복을 얻게 되었습니다.

지금부터 언약을 굳게 잡기만 하면 됩니다.

언약은 하나님을 만나는 길, 그리스도입니다.

언약은 세상을 이기는 힘, 그리스도입니다.

언약은 지금도 집안을 조용히 멸망시키는 사탄을 이기는 힘, 그리스도입니다.

언약은 죄로 말미암아 실패할 수밖에 없는 우리에게 승리를 주시는 참된 능력, 예수 그리스도입니다.

이 언약을 굳게 붙잡으면 됩니다. 하나님은 어떤 상황에서도 당신을 버리거나 떠나지 않으시며 영원토록 함께 하십니다.

영접의 의미와 축복

예수 그리스도를 마음속에 주인으로 영접한 당신은 하나

님의 자녀로 신분이 바뀌었습니다. 그렇다면 '영접'이라는 말의 의미는 무엇일까요?

첫째, 성령이 영원히 우리 안에 내주하신다는 뜻입니다. 이 말은 곧 하나님이 우리 안에 오셨다는 말입니다. 사탄의 유혹에 속아 죄를 지어 하나님을 떠나 하나님의 형상과 다스림의 축복을 완전히 상실해버린 인간이 이 모든 것을 완전히 회복하는 방법이 영접입니다. 사탄에게 빼앗겼던 모든 축복이 영접하는 순간에 모두 회복됩니다. 구원받은 하나님의 자녀가 결코 망하지 않는 이유도 여기에 있습니다.

둘째, 영접은 창조의 능력, 생명의 빛이 내 속에 임하는 것입니다.

"그 안에 생명이 있었으니 이 생명은 사람들의 빛이라"

(요한복음 1장 4절)

이 빛은 전깃불이나 태양빛이 아닙니다. 달, 해, 별이 만들어지기 전에 이미 하나님의 빛이 있었습니다. 그 빛은 생명을 불어 넣는 창조의 빛입니다. 생명의 빛으로 오신 분이

예수님을 마음속에 영접한 당신은
하나님의 자녀가 되었습니다.
성령께서 항상 함께 하시며
인도하시고 역사하십니다

바로 예수 그리스도이며 그 빛을 받아들이는 것이 영접입니다.

셋째, 영접이란 기도 응답을 받는 모든 조건이 법적으로 성취되는 것입니다. 주님이 영접한 자 안에 임하셨기에 기도 응답의 모든 조건을 다 갖춘 것입니다. 예수님이 십자가에서 법대로 죽으시고 법대로 승리하셨기 때문입니다.

예수 그리스도가 마음의 주인이 되면 기적의 문이 계속

해서 열립니다. 우리 각자는 이미 영접한 순간 죽었고, 주님이 우리와 함께 계시는 사실만 알고 깨달으면 응답은 계속 일어나게 되어 있습니다(갈라디아서 2장 20절).

영접이라는 말은 하나님을 만나는 길과 같은 의미입니다. 예수 그리스도를 마음속에 영접하면 성령께서 내주하시며 그는 곧 하나님을 만난 것입니다. 그러면 기도 응답의 모든 조건을 다 소유하게 되는 것입니다.

"지금까지는 너희가 내 이름으로 아무것도 구하지 아니하였으나 구하라 그리하면 받으리니 너희 기쁨이 충만하리라"

(요한복음 16장 24절)

영접의 축복과 비밀을 전혀 모르는 사람이 영접하는 것과 이를 잘 아는 사람이 영접하는 것은 놀라운 차이를 가져옵니다. 그리스도의 이름은 비밀이며 그 이름으로 기도할 때 응답은 오게 되어 있습니다. 우리 각자는 연약하지만 우리 안에 그리스도의 비밀이 감추어져 있기에 완전한 자입니다.

넷째, 영접은 확실한 하나님의 자녀가 되었다는 고백이며 선포입니다. 예수가 바로 그리스도이심을 고백하며 나의 것을 모두 내어버리는 것이 영접입니다.

"네가 만일 네 입으로 예수를 주로 시인하며 또 하나님께서 그를 죽은 자 가운데서 살리신 것을 네 마음에 믿으면 구원을 받으리라 사람이 마음으로 믿어 의에 이르고 입으로 시인하여 구원에 이르느니라" (로마서 10장 9~10절)

다섯 번째, 영접은 사탄과의 영원한 결별을 말합니다. 사탄의 권세에서 완전히 해방되고 단지 우리 안에 계신 주님의 능력으로 사탄과 싸울 일만 남은 것입니다. 영접 이전에는 사탄에게 종노릇했으나, 영접함으로써 사탄과 싸울 수 있는 힘이 생긴 것입니다. 사탄의 머리는 이미 깨어졌으며 단지 성도를 속일 뿐입니다.

여섯 번째, 영접은 창세기 3장의 인간의 근본문제에서 완전히 해방되었다는 증거입니다. 예수님을 구주로 영접하는 순간, 원죄와 자범죄, 사주팔자, 운명에서 완전히 해방되는 것입니다.

하나님의 입장에서 보면 영접은 하나님의 생명이 들어오고 언약이 체결되는 순간입니다. 수십 명의 아이들이 있어도 부모의 관심은 오직 그 자녀에게 있을 것입니다. 하나님의 최고 관심은 예수 그리스도의 생명을 가진 자에게 있습니다. 예수 그리스도를 영접한 순간부터 하나님은 단 1초라도 그 자녀를 놓치지 않고 지키십니다. 생명이 있기 때문입니다. 이것이 바로 영접의 비밀입니다.

반대로 사탄의 입장에서 볼 때 영접은 두려움의 대상입니다. 하나님의 생명이 있는 자를 보면 벌벌 떱니다. 그래서 하나님 자녀의 신분과 권세를 알지 못하도록 속입니다. 하나님은 성도에게 뱀과 전갈을 밟으며 원수의 모든 능력을 제어할 권세를 주셨습니다(누가복음 10장 19절). 예수님의 생명이 우리 안에 있기 때문에 우리를 해할 자가 없으며 완전히 승리할 수 있습니다.

예수님을 구주로 영접한 하나님의 자녀는 하나님의 영이 거하시는 성전의 축복을 누리게 됩니다(고린도전서 3장 16절). 왕이 거하는 집을 왕궁이라고 합니다. 하나님의 영이 그 안에 내주하시니 성전이 된 것입니다.

영접은 성부, 성자, 성령 삼위일체 하나님의 비밀이 성취되는 순간입니다. 성부 하나님의 계획을 성취하기 위해 인간의 몸을 입고 오셔서 그 계획을 성취시킨 분이 성자 예수님이시며 우리 안에 성령으로 내주하시며 말씀을 이루시는 분이 성령 하나님이십니다. 성삼위 일체는 나를 구원하기 위해 베푸신 놀라운 하나님의 방법입니다.

오직 성자만이 성부를 아버지라 부를 수 있습니다. 그런데 예수님을 영접함으로써 우리는 하나님을 아버지라 부를 수 있는 양자의 영을 받게 되었습니다. 영접할 때 하나님의 자녀가 되는 권세가 주어집니다. 성령으로만 하나님의 자녀됨이 선포됩니다. 또한 성령과 천사의 도움을 받을 수 있는 권세도 얻게 되었습니다. 예수 그리스도를 영접했다는 말은 하나님을 만났다는 뜻입니다. 이 비밀을 마음으로 믿고 입으로 시인하여 예수님의 이름으로 기도하면 구원에 이르게 되는 것입니다.

5 하나님의 자녀가 된 당신이 확신해야 할 5가지 사실

5가지 확신 속에 믿음의 뿌리를 내리면
날마다 성령으로 충만한 신앙생활을 영위할 수 있을 것입니다

예수 그리스도는 이미 수백 년 전에 그가 어디서, 어떻게 출생할 것과 죽어서 장사지낸 지 사흘 만에 부활하여 하나님이며 구세주라는 사실을 증거할 것이 예언되었습니다. 성경의 한 획도 틀림없이 성취되어 예수 그리스도는 죽음에서 부활하셔서 지금 하나님 보좌 우편에 앉아 모든 성도와 교회를 다스리시고, 세계 교회와 만국을 복음화 하고 계십니다. 예수 그리스도를 영접한 하나님의 자녀는 하나님이 언제나 항상 함께 하시는 임마누엘의 큰 복을 받았습니다.

만약 성도가 다음의 5가지 확신 속에 믿음의 뿌리를 내리면 날마다 성령으로 충만한 신앙생활을 영위할 수 있을 것입니다. 단, 이 부분에 대한 믿음을 확실히 하지 않으면 사탄의 속임수에 속기 쉽습니다.

구원의 확신

하나님의 자녀에게 구원의 확신이 없으면 모든 것이 흔들리게 됩니다.

그것은 마치 돈을 다 지불한 노예가 아직도 노예살이를

하고 있는 것과 같으며, 빚을 다 갚은 이가 계속해서 사기꾼에게 빚 독촉을 당해 재산을 빼앗기는 것과도 같습니다.

"구원의 확신이 있습니까?"라고 질문하면 손을 들다가 슬그머니 내리는 사람이 있습니다. 아마도 그는 속으로 이런 생각을 했을지도 모릅니다.

'요즘 내 생활을 봐. 내가 과연 그리스도인이 맞아? 엊그제도 술을 진탕 마셨잖아!'

하지만 술이나 혹은 담배를 많이 피우는 것과 구원받는 것과는 상관이 없습니다.

예수를 믿은 지 얼마 되지 않은 새신자가 어느 날 포장마차에서 나오다가 저와 마주쳤습니다. 그는 술을 꽤 마신 것처럼 보였습니다. 나를 보더니 당황해하며 대뜸 미안하다는 말부터 했습니다.

"목사님, 죄송합니다. 오늘이 어머님 회갑이라 친구들이 와서 포장마차에서 고기 좀 먹었습니다."

제가 농담으로, "고기를 드셨는데 왜 눈이 빨갛습니까?" 했더니 머쓱해하며 슬슬 피하더니 당장 그 주간부터 교회에 나오지 않았습니다.

그래서 제가 전화를 했습니다.

"성도님, 예수님을 믿으시지요?"

"예수님을 믿기는 하지만 제 행동을 보세요. 어떻게 제가 교회에 나가서 입을 벌려 찬송할 수 있겠습니까?"

"성도님, 예수님은 소주에 질려서 도망가는 분이 아닙니다. 교회에 오세요. 술은 은혜를 받으면 자연적으로 끊어집니다."

"그럼, 교회에 가도 됩니까?"

"예, 어서 오세요."

그분은 지금 하나님의 사랑을 깊이 느끼면서 신앙생활을 잘하고 있습니다. 물론 술을 끊은 지도 오래되었습니다.

예수님을 믿고 영접한 자는 누구든지 구원을 받습니다. 구원받은 자는 영원한 생명을 얻고 심판에 이르지 않습니다. 사망에서 생명으로 옮김을 받았습니다. 예수님께서 십자가에 달려 우리의 죄를 친히 담당하셨기에 우리는 죄에서 떠나 의롭게 되었습니다. 예수 그리스도를 통해 하나님을 만나게 되었습니다.

하나님은 영원히 멸망하지 않을 축복을 주셨으며, 우리를 친히 보호하고 지키실 것을 약속하셨습니다.

그렇다면 당신이 구원받은 증거는 무엇입니까?

"또 증거는 이것이니 하나님이 우리에게 영생을 주신 것과 이 생명이 그의 아들 안에 있는 그것이니라 아들이 있는 자에게는 생명이 있고 하나님의 아들이 없는 자에게는 생명이 없느니라"

(요한일서 5장 11~12절)

동행(인도)의 확신

하나님은 그 자녀의 모든 걸음을 인도하시되 끝까지 인도하십니다. 이 사실을 믿는 사람을 보고 '믿음이 좋다'고 하며, 확신을 가지고 믿지 않는 사람을 보고 '믿음이 약하다'고 합니다.

이 땅에는 눈에는 보이지 않지만 분명하고도 세밀하게 사탄이 활동합니다. 그래서 예수님은 성령으로 성도와 동행하십니다. 이 사실을 알면 하나님의 큰 능력과 사랑을 체험할 수 있습니다.

"너는 마음을 다하여 여호와를 신뢰하고 네 명철을 의지하지 말라
너는 범사에 그를 인정하라 그리하면 네 길을 지도하시리라"

(잠언 3장 5~6절)

기도 응답의 확신

하나님과 방향을 맞추는 기도, 하나님의 뜻을 구하는 기도, 하나님의 소원을 품고 드리는 기도, 하나님의 계획을 발견하기 위한 기도는 반드시 응답됩니다.

다음의 성구를 명심해야 합니다.

"지금까지는 너희가 내 이름으로 아무것도 구하지 아니하였으나 구하라 그리하면 받으리니 너희 기쁨이 충만하리라"

(요한복음 16장 24절)

용서받은 확신(사죄의 확신)

하나님은 죄를 회개하고 돌아서면 용서하시고 복을 주십니다. 어떤 죄라도 진정으로 깨닫고 그 죄에서 떠나면 사랑의 주님은 그 죄를 완전히 백지화시키십니다.

"내가 나의 마음에 죄악을 품었더라면 주께서 듣지 아니하시리라"

(시편 66편 18절)

"만일 우리가 우리 죄를 자백하면…우리의 죄를 사하시며 우리를 모든 불의에서 깨끗하게 하실 것이요"

(요한일서 1장 9절)

주님과 함께 하면 승리하는 확신

하나님은 각자의 수준에 맞추어서 시험을 주십니다. 시기, 질투가 많은 사람에게는 시기, 질투가 많은 사람이 시험을 주고, 잘 삐치는 사람에게는 삐칠 일만 생깁니다. 큰 시험 가운데 있는 사람은 큰 그릇이 분명합니다. 하나님은 어떤 경우든지 언약 잡은 하나님의 백성을 반드시 승리의 길로 인도하십니다.

"사람이 감당할 시험밖에는 너희가 당한 것이 없나니 오직 하나님은 미쁘사 너희가 감당하지 못할 시험 당함을 허락하지 아니하시고 시험 당할 즈음에 또한 피할 길을 내사 너희로 능히 감당하게 하시느니라"

(고린도전서 10장 13절)

새생명을 얻은 당신에게

어두움은 아무리 소리를 질러도 없어지지 않습니다. 그

러나 불을 밝히면 물러가고 맙니다. 사탄의 권세를 알면 아무런 힘이 없다는 것을 알게 되고 속지만 않으면 됩니다. 하나님은 그 자녀에게 사탄의 권세를 깨뜨릴 수 있는 힘을 주셨습니다. 그 능력의 이름이 바로 예수 그리스도입니다. 예수 그리스도 이름 앞에 사탄의 존재는 아무런 힘이 없습니다. 그러나 이 사실을 모르면 당하게 됩니다.

하나님의 자녀는 전신갑주를 입고 사탄과의 영적 싸움을 싸워야 합니다.

이를 위해 머리에는 구원의 투구를 써야 합니다.

'나는 구원받은 자녀' 라는 구원의 확신이 흔들리면 완전히 흔들리고 마는 것입니다. 구원받은 하나님의 자녀라는 사실을 확신할 때 사탄의 공격을 이길 수 있습니다. 그러면서도 자신이 구원받은 사실에 감사할 뿐 아니라 '어떻게 다른 사람을 구원받게 할까?' 하고 생각하면 하나님이 기뻐하십니다. 이것이 바로 하나님의 소원입니다. 하나님의 최고의 관심은 전도자에게 있습니다.

허리에는 진리의 띠를 띠라고 말씀하셨습니다. 전도와

선교, 복음 전파를 위해 허리띠를 완전히 매시기 바랍니다. 형사들은 범인을 낚아채면 가장 먼저 허리끈을 잡습니다. 씨름을 할 때도 허리끈을 맵니다. 그만큼 허리가 중요합니다. 진리로 허리띠를 띠지 않으면 영적 싸움에서 승리할 수 없습니다.

한손에는 하나님의 말씀의 검을 가져야 합니다. 말씀의 검은 공격무기입니다. 다른 한손에는 방어무기인 믿음의 방패를 들고 사탄의 공격과 유혹을 막아야 합니다. 믿음이 있으면 이길 수 있습니다.

발에는 평안의 복음의 신발을 신으시기 바랍니다. 복음 때문에 발걸음이 바빠질 때 평안이 오게 됩니다.

마지막으로 항상 무시로 기도해야 합니다. 전쟁터의 군인들은 본부와 무선 교신이 잘 되어야 합니다. 완전 무장을 하고 영적 싸움을 하는 군사는 하나님과 늘 기도로 교신해야 합니다. 병마 가운데, 완전 실패 가운데 있을지라도 영적인 싸움을 싸우면 승리하게 됩니다.

하나님은 어떤 경우든지 언약 잡은 하나님의 백성을
반드시 승리의 길로 인도하십니다

5. 하나님의 자녀가 된 당신이 확신해야 할 5가지 사실　　77

당신은 예수 그리스도 안에서 하나님이 주신

최고의 선물인 구원을 받아 새로운 생명을 얻었습니다.

만일 이 소책자가 당신에게 유익이 되셨다면

다른 분들에게 읽어 주거나 전달해 주시기 바랍니다.

또한 당신이 원한다면

지속적으로 신앙의 도움을 받을 수 있습니다.

예배에 참석하거나 일주일에 한 번 원하는 시간에

성경공부를 하고 싶지 않으세요?

아래의 연락처로 문의하시면 도와드리겠습니다.

교   회 :

이   름 :

전화번호 :

이 메 일 :

복음 메시지

1. 원래의 인간

만물 가운데 유일하게 인간만 하나님의 형상으로 창조되었습니다. 물고기가 물 속에, 새는 공중에서, 나무는 땅 속에 뿌리를 내리고 살아야 하듯 하나님의 형상대로 창조된 인간은 하나님과 함께 살아야 합니다(창 1:27~28).

2. 인간의 범죄

그러나 인간은 사탄에게 속아 불신앙하여 범죄하게 되었고 결국 하나님을 떠나게 되었습니다. 사탄은 하나님을 대적하고 고통과 저주를 가져다주며 결국은 인간을 멸망시킵니다(창 3:1~6).

3. 하나님을 떠난 인간의 근본적인 문제

(1) 마귀의 자녀 | 하나님을 떠난 인간은 영적으로 죽은 상태이며 마귀의 지배를 받게 되었습니다 (요 8:44).

(2) 우상 숭배 | 그 결과 미신, 우상에 빠져 점, 굿, 선행을 해 보지만 행복은 없고 날, 방향, 묘자리를 마음대로 할 수 없는 운명과 사주, 팔자에 묶여 살게 됩니다(엡 2:2).

(3) 정신적인 고통 | 불안, 불평, 허무, 정신병, 노이로제, 불면증, 우울증 등 이상한 서주에 사로잡혀 배경 좋고 지식도 많고 돈도 많은데 자꾸만 망해가게 됩니다(엡 2:3, 마 11:28).

(4) 육신의 고통 | 불치병, 우환, 질고, 악몽에 시달리고 가위에 눌리며 병명도 없는데 온몸이 눌리는 고통을 받게 됩니다(행 8:4~8).

(5) 죽음과 지옥 심판 | 하나님을 부인하고 현실에만 집착하다 결국은 죽어 지옥의 영원한 심판을 받게 됩니다(눅 16:19~31, 히 9:27).

(6) 영적인 유산 | 결국은 모든 문제가 또다시 자녀에게 대물림 됩니다(출 20:4~5).

4. 유일한 해결책－예수 그리스도

누구든지 예수 그리스도를 진정으로 믿고 영접하면 구원을 얻을 수 있습니다(롬 10:13, 롬 10:9~10, 계 3:20, 요 1:12).

♣ 다음의 기도를 진정으로 따라하시면 됩니다. ♣

> 하나님 아버지, 저는 죄인입니다.
> 저는 지금까지 내가 원하는 대로 하며 살아왔습니다.
> 그러나 지금 예수님이 나를 위해 십자가에 돌아가셔서
> 부활하신 그리스도라는 사실을 믿습니다.
> 내 마음의 문을 열고 예수님을 나의 구주로 영접합니다.
> 내 마음 속에 오셔서 영원히 나를 인도해 주세요.
> 예수님의 이름으로 기도합니다. 아멘

5. 구원받은 당신은 큰 축복을 받았습니다

(1) 이제 당신은 명백한 하나님의 자녀입니다 (요 1:12).

(2) 성령께서 항상 함께 동행하시며 인도하십니다 (고전 3:16).

(3) 하나님께서는 당신의 기도에 응답하십니다(요 14:13~14, 16:24).

(4) 예수님의 권세로 사탄의 모든 세력들을 꺾을 수 있습니다(막 3:13~15, 눅 10:19, 마 12:28~29).

(5) 지금부터 당신은 보좌의 축복인 천군 천사의 도움을 받고 살게 됩니다(히 1:14, 계 8:3~5, 시 103:20~22).

(6) 지금부터 영원한 생명을 얻은 천국백성으로 그 모든 축복을 누릴 수 있습니다(빌 3:20).

(7) 당신의 예수 이름의 축복으로 세계복음화 할 수 있는 권능을 받았습니다(마 28:16~20).

행복한 선물 A Joyful Gift

초 판 1쇄 발행	2006년 8월 25일
개정판 25쇄 발행	2022년 11월 25일
개정판 26쇄 발행	2023년 4월 6일

| 저 자 | 류광수 목사 |
| 발 행 처 | 사단법인 세계복음화전도협회 | 도서출판 생명 |

| 주 소 | 서울시 강서구 강서로 56길 84(237센터) |
| 홈페이지 | www.weea.kr |